JN440181

황동기 시집

어느 날 문득

문학사계

머리말

내가 황혼길에 시를 쓰고자 마음먹게 된 데는 두 가지의 이유가 있다. 첫째는 중학시절부터 문학을 사랑했는데, 문학을 하면 밥 먹고 살기 힘들다는 형님의 간곡한 설득에 공과대학으로 진학을 하였고, 그 후 평생 떠나지 않는 문학에 대한 미련이 나를 놓아주지 않았기에 이제 그 꿈의 타래를 풀어내고 싶어서이다. 둘째는 기술세계에서는 사는 일에 나름대로 어떤 성취감으로 보람은 있었으나 여기엔 연령의 한계가 있어 이제는 떠날 시기가 다가왔고, 떠나게 되면 이정표 잃은 허무한 여생이 석양 속으로 스러질 것이라는 안타까움에서 남은 생애의 영원한 동반자가 될 수 있는 문학을 찾은 것이다.

만약에 기술세계를 도중하차하고 이 길로 옮겼다면 또 하나의 미련이 남았을 것이다. 대학 입학 후 학비를 벌기 위하여 군산에 있는 고려제지공장 화학시험실에 임시직으로 취직하여 졸업 때까지 고학을 한 것이 내 생의 뿌리가 되었다. 그 동안에 기술인의 선망인 제지공장의 공장장도 해보았고, 대학에서 제지공학을 강의하여 후학도 양성해 보았으니 나름대로 이 분야를 떳떳하게 마치고 미련 없이 떠나게 되었다.

뒷날을 돌아보면 참으로 열심히 살았구나 싶다. 그러다보니 어언간 세월은 팔순이 눈앞에 다가왔고 귀밑엔 흰서리가 수북이 쌓였으니 새로 시작하는 문학은 만학이라기보다 너무도 늦은 노학老學인 셈이다.

더 늦기 전에 평생의 꿈을 이루기 위해 재작년 초겨울 문화센터에 수강신청을 하고 시詩공부를 하게 된 것은 내 삶이 제2의 인생항로에 들어선 것이다. 허나 상상력과 기억력은 나이 따라 쇠퇴하여 방금 들은 것도 돌아서면 잊어버리니 새 항로는 거친 파도에 부딪친 느낌이었다.

그래도 새로운 각오를 하고 이제까지의 생활습관을 바꾸어 아침부터 저녁 잘 때까지 시집을 읽고 생각하고 써보는 게 하루도 빠짐없는 일과였다. 문화센터의 결강은 물론이고 지각 한번 한 일이 없었다. 강의 내용을 빠짐없이 귀담아 듣기위해서 자리는 언제나 강사 바로 앞 맨 앞줄이었고, 길거리를 거닐 때에도 언제나 시집과 연습장이 든 가방을 끼고 다녔다.

한 편 한 편 쓸 때마다 많은 시인들의

시집에 손때 묻어나고 무수한 연필자루의 허리를 짓눌러 손가락에 굳은 옹이가 박혔다. 난산과 난산 끝에 90여 편의 시…… 시작한 지 한 해 만에 등단을 하게 되고 시집을 내게 되어 이것은 노학의 결실이라 생각하니 만감이 교차하고 반백년 전 가난이 싫어 떠나보낸 옛사랑을 다시 품에 안은 회한이 가슴 속 뜨거운 눈물이 되어 흐른다.

독자 여러분께 부탁드리고 싶다. 이 시집은 예술성 평가에 앞서 황혼길에 들어선 한 인간의 꿈과 열정의 결정체라 여겨주시라고!

나는 아직 시인이 되었다고 생각하지 않는다. 이 시집은 내 인생에 스스로 그린 꿈의 무지개이다. 나 스스로에게 긍지와 희망을 심어주는 하나의 '소망의 고리'이다. 이 삶이 다 할 때까지 온 힘을 다하여 뒤늦게 찾은 꿈의 농원을 한 골 한 골 일구어 나가리……

이 시집이 나올 때까지 정성껏 지도해 주신 문화센터의 황송문 교수님과 여러 선배시인들, 주위에서 애써 도와주신 여러 분들 그리고 출간에 너무도 수고해 주신 지창영 편집장님께 심심한 사의를 표한다.

2009년 3월

여의도 한강변에서

황 동 기 적음

차 례

2. 홀로 남은 밤

3. 어느 날 문득

1

유년의 언덕

짚신 사이로 발가락 하나 둘
지친 고개 내밀면
꾸욱꾸욱 먼 산에서
으스대며 울어대는 장끼 소리
아쉬움 가득 채운 시린 손으로
터덜터덜 돌아오는 유년의 언덕

개구리

몸을 움츠리는 까닭은
더 멀리 뛰기 위함이라 하지만
나는 그냥 뛰고 싶었다.

겨울잠을 자는 것은
새봄을 찬양하기 위함이라 하지만
나는 그냥 달리고 싶었다.

움츠림도 겨울잠도 아랑곳없이
마냥 뛰고 달려와 보니
한 아름 품에 안긴 것은
욕망의 부스러기 뿐
꿈은 아스라이 멀리 잠긴다.

뛰고 뛰어도 우물 안 개구리
일월日月은 창공에 서성거리나니
젊고 젊은 시詩의 바다로
불사不死의 방주方舟를 띄운다.

텃밭

호미자루 들고
어머니는 텃밭으로 갔다
새벽 별을 더듬으며.

지아비 떠난 이 세상에
의지할 곳이라고는
지팡이만한 기둥도 없고
삶의 무게는 나날이 힘겨워
한 뼘 텃밭에라도
시름을 뽑고 꿈을 심었다.

뭉툭한 호미 끝에 묻어 나오는
잡초들의 텃밭 사랑
어머니는 깊은 세월의
은밀한 침묵을 안다.

옹이 박힌 손으로
그 끈질긴 생명력을 위해
호미를 힘껏 잡으셨다.

어느새 따라 나섰는지
시집 간 누이가 보내 준
씨암닭 한 마리
어머니 눈치만 살피며
애기 배추 어린잎을 쪼아대고 있었다.

내 가슴에는

내 가슴에는
풀내음 향기로운
종달새가 있다.
노래하고 춤을 추는
시詩의 동산이 있다.

시의 동산에
사랑의 씨앗을 심었으나
가난이 싫어서 떠나보낸
무지개 꿈의 첫 사랑
나의 시가 있다.

고달픈 삶의 항해, 드넓은 바다!
그리움이 밀려오면
푸른 파도에 그 모습 그려보고

한 조각 소식 부리에 물고
찾아 온 갈매기 날개 짓에
세월은 구름처럼 흘러가는가.

내 가슴에는
시의 동산이 있다.
만선滿船의 기쁨 헤쳐 달리다가
빈 배로 돌아온 반백년
그리운 그대 노래는
첫사랑 시詩의 밭을 일구게 한다.

거울 앞에서

동이 틀 무렵
한 사내가 거울 앞에 섰습니다.
서리 내려앉은 머리는
아득히 먼 길
숨 가쁘게 달려온 이정표.

배가 고파
진달래 꽃잎 따먹던 소년,
꽁보리밥 도시락도 감지덕지하며
허리춤에 메고 뛰던 소년이
거울 속에서 웃음을 만들고 있습니다.

기름때 가셔질 날 없던 손가락
쓰러질 듯 쓰러질 듯 쓰러지지 않으려고
스스로 가누며 별을 세던
남루한 청년도 거울 속에 있습니다.

거울 속에는
소년이 있고 청년이 있고

아버지와 아들이 있습니다.
오늘은
어머니의 따뜻한 미소도 있습니다.

사내는 그것으로 족하다고 합니다.

5월은

뒷동산 잔디밭
대나무 퉁소 소리에
유년의 꿈을
고향 하늘 높이 날리면
방죽 둑 소먹이는 아저씨
구멍 난 베잠방이 사이로
5월은 향기롭게 피어난다.

봄의 끝자락
바람에 일렁이는 보리바다
훈풍에 가슴 설레어
뻐꾸기도 잠에서 깨면
마을 앞 우물가 물 깃는 아낙네
설레는 앞치마 바람에
5월은 향기롭게 익어간다.

작은 가슴으로

어버이 날
조카딸이 보내준 영산홍
귀여운 소녀처럼 고개를 숙이고
해맑게 피어 웃고 있다

여섯 해를 자란 키라고
조용히 속삭이는 듯하지만
이 녀석, 하늘 높은 줄 모르고
겨우 한 뼘 키로
어지러운 세상을 바라본다.

수돗물 소독약은 해로울 것 같아서
이틀 걸려 아침이면 생수를 부어 주지만
대자연 한 방울 이슬비만 못한지
조용히 웃을 뿐……

사람은 사람대로
짐승은 짐승대로
꽃은 꽃대로 사랑 없이는 못사는 터라

이 녀석, 아침마다
참새 새끼처럼
작은 가슴으로 반긴다.

봄비 내리면

봄비 내리면
신神이라는 장인匠人은
연두 빛 전설을 이야기한다.

꽃눈 잎눈마다
피어오르는 숨결들,
새들은 노래를 멈추고
세상을 향하여 귀를 연다.

부리와 깃털마다 엮어 가는
새로운 생명들……

들판에 피어난 유채꽃
바람을 희롱하듯
벌 나비 불러 모아
생명의 씨앗을 잉태케 하고,

꽃잎은 강물에 출렁이며
아카시아 새잎으로 하늘을 채워

눈부신 초록빛 창문을 연다

봄비 내리면.

금산사 계곡에서

가을은 깊어 고즈넉이
산사山寺에 그림자 드리우고

통나무로 엮은 다리에
노승老僧이 새긴 글

인류人流
수불류水不流

「사람은 흐르고
물은 흐르지 않는다」고.

긴 세월 흘러도 정든 계곡
예나 지금이나 변함없는데
인류노승人流老僧도 흘러갔는가
어느 강 그리워 흘러갔는가.

장닭

꼬끼요오오!
장닭이 운다
형형색색 아름다운 긴 목
속으로 핏대 올리고 어둠을 향해
눈을 부라리며 운다

칠흑 같은 장막으로
세상을 어둠속에 떨게 했던
밤이 소스라치게 놀라
장막을 휘휘 걷고
뒷걸음질 치며 달아난다

꼬끼요오오!
장닭은 시뻘건 벼슬을 치켜 올리고
날카로운 부리로 밤을 몰아내고
태양을 조심스레 끌어 내린다
세상은 빛으로 환하다

그러나 지금은

밤조차 불빛 가득 찬 세상
장닭은 보이지 않는다
속으로 핏대 올리고 어둠을 향해
눈을 부라리던 장닭……
현란한 불빛 속에서 어둠이 꿈틀거린다.

장독대

한여름 초가집 뒤뜰
옹기종기 모여 앉은 항아리들
원추리 긴 목을 빼고 발돋움하며
열어놓은 독 안이 궁금하다 한다.

붉은 황토 토담을 돌아온
맨드라미 봉선화도
간장, 된장, 고추장 독 사이에서
고개를 갸웃거리고

흰 사발에 넘실넘실
정한수 정성으로 담아 놓고
두 손 모아 합장하는 어머니.
우뚝 선 오동나무 아래
온 세상 소리를 멈추고
귀를 기울인다.

이승을 떠난 지아비
유학길 아스라한 아들

그리움 천길 가슴에 사무쳐
정한수에 일렁인다.

나막신

마실 갔다 돌아오는
어머니 따라
고샅길 딸각딸각
정막을 깨는 소리

나막신 이야기에
별들도 졸던 눈을 뜬다
처마 밑 참새들
화들짝 놀라 깨어나
갸웃이 고개를 내민 채
토방을 기웃거린다.

딸각 딸각.
딸각 딸각.

소쩍새

옛날 옛적 아득한 날
김제군 황산면 덕조동
밤이면 밤마다 애간장 끊는
소쩍새 한 마리 울었습니다.

시어머니 서슬 퍼런 시집살이에
굶주린 배를 움켜쥐고
꽁꽁 언 뒤뜰 냇가에서
피나는 손으로 쌀을 씻었건만
착한 며느리 굶어 죽고
솥적다 솥적다 밤새 울면서
제 살던 집 근처를 배회했다지요.

옛날 옛적 오래된 날
불현듯 그리워 찾아간 내 고향
어릴 적 무서웠던 소쩍새 울음소리
어둠이 살라 먹었는지 아니 들리고
포근하고 정겨운 어머님 품도
어둠이 살라 먹었는지 간 곳이 없습니다.

해수병 앓는 노인네 기침소리
밤새도록 동네를 괴롭혔습니다.
소쩍 소쩍 애끓는 그 소리
그리워 찾아 나선 길 따라
동구 밖 어귀까지 홀로 걸으며
소쩍 소쩍 나도 따라 울었습니다.

달

어릴 적 코흘리개 소꿉동무와 함께
멍석만한 보름달을 쳐다보며
달 속에 어슴프레 보이는 계수나무에서
옥토끼 떡방아 찧는다고 말하다가
뱃속에서 들려오는 쪼르륵 소리에
멋쩍어 뒤통수 긁으며 헤어졌는데

팔순을 눈앞에 둔 요즘은
눈썹 같은 초승달 바라보면서
달 속 계수나무는 다 죽었다고
떡방아 찧던 옥토끼도 죽었다고
지난 생일에 큰딸이 사다준
양주병 찾으며 서성거리네

하지만
계수나무도 옥토끼도 지워진 저 달은
저 혼자 돌기도 하고 지구를 돌기도 하고
아무리 작아져도 빛을 잃지 않고
구름을 피해서 어둠을 밝히며

천만 개의 자궁으로 생명을 잉태하네.

허수아비

한 걸음도 걷지 못하면서
으름장 놓으며 당당하게
두 팔 벌리고 휘휘 저으며
제 몫을 산다.

바람도 지나며 웃고
사람도 지나며 웃고
참새 떼 짹짹거리며
다 안다고 비웃는다.

지난밤 몰아닥친 강풍으로
한 벌 밖에 없는 초라한 윗도리
할퀴고 찢겨져 펄럭이고
훤히 내비치는 속살
앙상한 뼈만 남아 있어도

여기는 아름다운 호남평야
으름장 놓으며 당당하게
영원한 내 땅이라고

두 눈 부릅뜬 채 팔을 젓는다.

참새떼 화들짝 놀라 날아가면
두 팔 벌린 채 추안거秋安居에 든다.

소

태산 같은 몸집으로
호수처럼 맑은 두 눈에
삶의 애증이 글썽인다.

전생에 무슨 사연이 있어
말 못하는 짐승으로 태어나
새벽 별 눈 비비는 어둠속에
코뚜리 꿰고 멍에 메고
거친 논 밭 파헤치면
등뼈는 휘고 어깨는 패인다.

어느 덧 쟁기 날에
초생달 빛 어른거리는 어스름녘
신작로 자갈 밭길 수레를 끌 때
닳아빠진 짚신짝은 너털대며
주인의 고삐 따라
땅만 보고 옮기는 걸음걸음
그것은 길고 긴 세월의 아픔

날마다 붉게 타오르는 노을 속으로
전생을 더듬어 떠났건만
구수한 여물 냄새 눈을 뜨면
보이는 건 눈 비비며 일어나는
외양간에 매달린 고달픈 멍에.

유년의 언덕 1

—누님 생각

성황당 고개 마루
소나무 숲
산비둘기 소리 정겹고

황토길 가는 소달구지
그 뒤를 맨발로 따라가는
뙤약볕 이십 리 길

싸리나무 울타리에
붉게 매달린 앵두 같은
누님의 연지볼 생각

버선발로 반기는 새각시 누님
집에 가서 형들과 나눠 먹으라고
삼베 저고리 양 주머니에
가득 가득 채워준 빨간 앵두

석양 빛 앞세우고 콧노래 부르며

성황당 고개 넘어 돌아오는 길
두툼했던 주머니 홀쭉해지면
또 다시 다가오는 누님 생각.

유년의 언덕 2
-겨울 풍경

태양이 지나가는
초가지붕 처마 끝에
고드름 주렁주렁 키재기 했다.

배고픈 참새 새끼들
앞마당 짚벼눌 파헤치고
시린 맨발로 대문 앞에서
검둥이에게 푸드득 쫓기곤 했다.

대문 앞 텃논 물 고인 얼음판
아이들이 송판에 굵은 철사로
휘감아 만든 스케이트
겨울 하늘을 깨트린다.

미끄러워 넘어지고 또 넘어지고
핫바지 가랑이 철벅거리면
저녁 먹으라고 부르는 어머니 목소리
언덕 너머 송아지가 먼저 울었다.

**짚벼눌: 추수한 볏짚을 쌓아놓은 짚가리의 사투리*

유년의 언덕 3

—꿩 사냥

은빛 눈꽃 만발한 잔솔밭에
꼭꼭 찍혀 새록한 장끼 발자국

개구쟁이들 초롱초롱한 눈빛으로
엎드려 잽싸게 짚신 끈 동여매고
상수리나무 가지 꺾어 들고
편 갈라 몰고 가는 꿩 몰이사냥

얼음 골짜기 노루처럼 뛰어 넘어
눈덩이 맨 머리에 후드득 쏟아져도
알록달록 형형색색 긴 꼬리 휘저으며
잔솔밭 사이로 달아나는 장끼 쫓아
숨가쁘게 달려가는 산 능선

서산마루 태양이 힘겨웁고
짚신 사이로 발가락 하나 둘
지친 고개 내밀면
꾸욱꾸욱 먼 산에서

으스대며 울어대는 장끼 소리
아쉬움 가득 채운 시린 손으로
터덜터덜 돌아오는 유년의 언덕.

유년의 추억
-가을

시장 끼 든 하굣길
뒷동산 전설 바위 등에
책보를 팽개치고
남의 콩밭 사이로
엉금엉금 기어가

잘 익은 콩가지 골라
바위틈에 톡톡 튀겨먹고
흥겨워 조잘대면
새까만 입술 사이로
좋아라 삐져나온 하얀 앞 이

갈바람 정다운
때 묻은 마루에
처억 걸터앉아
앞마당 단수수
꼭꼭 씹어 빨아먹으면

잰 걸음으로 달려온 누렁이
꼬리치며 입맛 다시고
강남 갈 제비 떼
빨랫줄에 모여 앉아
이별 노래 합창할 때
살포시 미소 짓는 가을 햇살.

호박꽃

어머니 행주치마 주머니에서
어쩌다 저 혼자 떨어져 나온
넓적한 씨 하나 대문 앞에서 주워
사랑채 뒤뜰 두엄 옆에 심었더니
내 손보다 더 큰 손 턱 내밀어
한웅큼씩 태양을 훔쳐 먹고
옆집 복순이 엄마 얼굴 같은
노란 달꽃이 피었습니다.

어린 아들이 심은 줄 모르시던 어머니
흥부네 제비가 물어다 심었다고
입 꼬리 귀 밑에 걸리듯 웃으시며
물 줘라, 물만 주면 달덩이가 열린다고
입버릇처럼 말씀하셔서
세숫물도 주고 소피도 싸주었더니
어느 날 도깨비가 왔다 갔는지
달꽃이 달덩이로 변했습니다.

멍석만한 보름달이 어둠을 몰아낸 어느 날

큰형 작은형 누님까지
일곱 식구 온 가족 햇살로 말린
노란 바가지에 달콤한 달덩이 죽을
배불뚝이가 되도록 먹었습니다.
오늘 같이 무상한 밤이면 아직도
달꽃 한 송이 가슴에 피어오릅니다.

황포돛배

수심 가득한 얼굴로
검푸른 강물을 껴안고
오랜 세월의 전설로 남아
우뚝 선 임진강 적벽赤壁
바위산 언저리
두지나루 외로운 지킴이
오늘도 북녘 땅 제 고향
돌아가지 못하는
실향의 영혼 안타까워
바람 따라 흐르네.

뒤돌아보면서
뒤돌아보면서.

여의도의 아침

햇살이 다가온다
동녘 하늘을 떠나 아름다운 걸음으로
밤새 여의도를 향해 걸어온 햇살
기웃기웃 아파트 쪽문까지 기웃거리더니
창살 사이로 얼굴을 내민다.

아파트 마당 사이로 세월만큼 자란
느티나무 가지에서
매미가 가슴 비벼 운다
일곱 해를 땅 속에서 햇살 그리며 살다가
마침내 만난 아침
감격에 맴맴 운다.

멀리 샛강 숲에 일렁이는
갈대의 몸짓이
여의도를 출렁이게 한다
창살에 기대서면
사람들은 햇살을 따라
여정의 봇짐을 멘다.

동녘 하늘을 떠나 아름다운 걸음으로
밤새 여의도를 향해 걸어온
아침 햇살이 고개를 갸웃거린다.

히끗히끗 피어나는
반백의 내 모습이 낯설다고 한다.

쥐불놀이

논두렁 메마른 잡초에
불꽃이 핀다
산과 들 밝히는 불꽃이 타오른다.

쥐불이야!
개구쟁이들의 함성도
어둠 속에서 꽃으로 피어나고
차가운 하늘에 종소리 울린다.

별빛도 흥이 나서
처마 밑에 스며들면
잠자던 참새들도
화들짝 놀라 파르르 떤다.

아하 쥐불이야!
바람이 참새 머리를
처마 밑으로 밀어 넣는다.

칼날 같던 가난에 배가 고파도

깡통 속에 타오르는 불꽃을 치켜들고
휙휙 돌리면
가슴에도 쥐불이 타오른다.

겨울이 가면 봄이 올 것을
그들은 안다
무명바지 짚신속의 희망을.

이른 봄

냉이꽃 향기 돋는 길섶에
짝 지은 개구리 정다웁고
마른 나무 가지
파랗게 피어오르는 속잎에
햇살이 따시다.

흙냄새 구수히 풍기는
훈훈한 바람은
초가집 부뚜막에 바스락대며

얼음 녹은 미나리 꽝 푸른 잎에
처마 밑 걸려있는 호미자루에도
봄이 흐른다.

대대로 일궈온 기름진 땅
비단 빛 푸른 이삭 산잔한 물결
밭이랑 서성이는 봄바람이
풍요한 보릿가을 홀태질을 꿈꾼다.

베란다에서

철새가 몰고 온 겨울바람이
아파트 숲 속을 헤매는데
못 다한 사랑의 안타까움
한 송이 꽃으로 피어있다.

허공에 묻어 둔 나의 그림자
가슴을 스치는 아픔으로
검붉은 꽃잎 서려있다.

바람처럼 사는 인생,
한겨울 베란다 흑장미처럼
어느 날 지고 말면 그뿐인 것을

그리움 별이 되어 빛나는 밤
오늘도 발이 시린 스산한 옛 이야기
베란다 난간에서 서성거린다.

어머니 1

나이 사십에
큰 딸 하나 겨우 시집보내고
포도송이처럼 주렁주렁
낡은 치맛자락에 여섯 아들 매단 채
홀로 되신 어머니
슬픔과 걱정으로 흘린 눈물
강이 되고 바다가 되었네.

날마다 새벽 별 머리에 이고
논밭을 파헤쳐 닳아 버린 호미 자루는
헤아릴 길 없고,

눈물과 땀이 맺힌 실 가닥가닥 얽히어
빈 벽에 걸리는 바지저고리
베틀소리 물레소리는
애달픈 어머님의 한숨.

통한을 달래려고, 외로움을 견디려고
일원상一圓相 바라보며 반야심경般若心經 외

우시던
　그 목소리 가슴에 사무쳐
　반백년 하루같이 떠날 줄을 모르네.

어머니 2

인고로 얼룩진 졸업장
당신 앞에 놓아드리고
감사의 큰절 올리던 그 날
지난 세월이 달려와
두 손 마주 잡고 울었습니다.
어머니 하고 울었습니다.

백발성성한 모습으로
타향 땅 엄동설한
제 손으로 깡 보리밥 지어먹는
막내아들 안쓰러워
열 손가락 마디마디
옹이 박힌 손으로
쌀밥 오랜만에 지어 놓고
어머니는 소리 없이
긴 세월의 강을 울었습니다.

지금도 그 모습 그리워
낡은 사진첩 열고 뵈오면

어머니는 빙그레 웃으십니다.
아득한 세월 저 편에서
따뜻한 쌀밥 지어놓고
소리 없이 빙그레 웃으십니다.

찔레꽃 피는 언덕

철새 떠나간 자리에
봄이 눈을 뜬다.
강은 기지개를 켜고
제 키대로 드러눕고
대지는 생명의 노래를 부른다.

초록빛 산야를 돌아온 태양이
갈대숲 그늘에 쉬었다가
서성이는 첫여름을 앞세우고 온다.

울창한 미루나무 가지 사이로
빛나는 쪽빛 하늘,
이 밤엔 별조차 뜨지 못하겠다.

찔레꽃 한 송이 시린 눈을 비비며
빛나는 쪽빛 하늘을 바라본다.
바람 한 자락 걸음을 멈추고
여린 꽃잎을 어루만진다.

찔레꽃 피는 언덕은
텅 빈 가슴으로 눈이 부시다.

독도는 알고 있다

이름도 성도 나라까지 빼앗긴 줄도 모르고
천황에게 충성만을 외치던 철부지 시절

전쟁에 지면 모두 다 죽는다고
내선일체內鮮一体
미영격멸米英擊滅
구호만 외치게 한 일제의 침략 교육

책보는 온 종일 방구석에 잠재우고
배정 받은 수량의 군마초軍馬草 베기
군량미軍糧米로 수탈당한 굶주린 배 누르며
질긴 억새풀 고사리 손으로 힘겹게 베면
찌는 듯한 땡볕도 안쓰러워
팔보다 긴 낫자루 피땀 흘리던 잔인한 세월

삼십육년 온 겨레 뼈 마디마디

쑤시고 아프고 절망했어도
천지를 진동하던 해방의 함성
태극기 물결에 그칠 줄 모르던 눈물.
속아 살아온 통한의 눈물 마르기도 전에
독도는 제 땅이라 우기는 침략의 근성

독도는 알고 있네 거울 보듯이
조상에게 이어 받은 우리의 땅
동해 푸른 물결 위에 영원하리라.

**내선일체內鮮一体: 조선과 일본은 한몸이라는 뜻. 內는 일정 때 일본사람을 內地人이라 불렀고 조선 사람을 半島人이라 했음.*

**미영격멸米英擊滅: 2차 대전 당시 미국과 영국을 쳐부순다는 일제 전시 구호.*

농부

철없던 어린 시절
삽이랑 괭이랑 치켜들고
구슬 땀 뻘뻘 흘리며
논갈이 하는 농부는
쌀밥 많이 먹어서
참 좋겠다고 생각했네.

오늘 아침
텔레비전 화면에
벌떼처럼 모여서
FTA 결사반대에 목숨 내놓고
전경과 대치하던 농부는
쌀밥도 못 먹어서
참 서러워 보였네.

「농자천하시대본農者天下之大本」
듣기 좋더니
「농자천하지대하農者天下之大下」인 듯하여
답답한 가슴 가눌 길 없어

꽹과리 치고 장구 치며
온 동네 잡귀 쫓고
풍년을 노래하던 그 시절
한없이 그리워지네.

2

홀로 남은 밤

화면 속 맷방석만한 보름달
가가대소呵呵大笑한다.

텔레비전을 끄기 잘했다.
또 한잔
홀로 남아 달빛을 마신다.

남산 성벽城壁

산발한 억새풀들
깨어진 기왓장 틈에서
흘러간 세월에 숨죽여 운다.

찬바람 몰아치는 고도古都
무너진 성터 곱사등 드러낸 채
낙엽들도 바스락대며 운다.

부귀영화는 쓸려간 지 오래인데
아직도 잠들지 못한
한 서린 영혼의 슬픈 노래가
갈대밭을 휘돌아
성벽을 맴돌고……

산마루에 쉬어가는 구름도
노을을 마시고 벌겋게 운다.

홀로 남은 밤

텔레비전 화면이
소리 없이 그림만 그릴 때
미소 짓던 가족 하나
타인처럼 제 방으로 건너가고
흘러간 사연들이
하나 둘 다가와 주위에 앉는다.

어느덧 귀밑이 희끗해진
낡은 세월의 문턱에서
어미 잃은 소녀처럼
공연히 눈시울이 뜨겁다.

그리운 얼굴들 어디에 있을까?
스산한 마음 비우고 또 비워도
이정표 없는 추억 속에 갇혀
돌아와 재워주는 이 없는 밤

저 멀리 아파트 베란다
창살에 기댄 달빛이

이태백 그리운 마음으로
달빛 담은 술잔을 내미는데
화면 속 맷방석만한 보름달
가가대소呵呵大笑한다.

텔레비전을 끄기 잘했다.
또 한잔
홀로 남아 달빛을 마신다.

그리움 1

추석날 아침
전화가 부고처럼 울었다.
생사를 넘나들던
형님이 떠나셨다고
온몸의 세포가 일제히 불을 켰다.

한 세월 가혹했던 삶의 무게를
홀연히 비우시고
아직도 일곱 살배기 어린 동생인양
나의 잡았던 손을 놓으시고

한가위 보름달 맞으려는 듯
침묵 속으로 영원히 침전하시던
나의 스승, 나의 어버이
나의 형님은 조용히 떠나셨다.

시방, 내 나이도 칠순
언제나 가슴 시린데
새들은 노래를 잃고

바람은 쓰러져 눕고
별들은 빛을 잃었다.

청산은 정기를 잃고
강물은 숨조차 죽이고 흐느낀다.
세상은 텅 비고
그리움 사무쳐 뼈 속에 흐른다.

그리움 2

세월이 흘러가도
그리움이 떠나지 않는 것은
그대 입김이 아직도
내 가슴에 젖어 있기 때문인가

철새처럼 날아간 후
기약이 없고
하늬바람에 나부끼던
코스모스 꽃잎에 남겨놓은
초롱초롱 빛나는 그 눈동자
지워지지 않으니……

어느 세월 어느 길목에서
우리 처음 만난 순간처럼
가슴은 그리움으로 여울지는데.

그리움 3

–떠나간 벗들을 생각하며

푸른 창공에 들새 날개 짓할 때
서로 얼굴 마주 보면서
아무 말 없이 웃어도
우리는 가슴 속 깊이 피어나는
서로의 꿈을 알 수 있었지

흐르는 세월 속에서
강변의 모래알처럼
수많은 번민과 갈등과 고뇌
서로 위로하는 삶은 그런 거라고
조심스레 미래를 엮어 나갔지

어느덧 귀밑머리에 흰 서리 내려앉고
들새 날개 짓 먼 옛날 추억으로
아스라이 사라지고
미로 같은 삶이 그대를
내게서 빼앗아 가버린 지금
가슴 깊이 그리움 사무쳐

먼 하늘에 그대들의 얼굴 그리네.

호롱불

동지섣달 긴긴밤
잠 설친 홀어머니
금간 돋보기 너머로
바늘 땀 이어갈 제
아름다운 제 몸 태워서
연연히 불 밝히던 꽃이여.

비 내리는 적막한 오솔길
지아비 그리워 헤매던
서러운 수많은 날들을
고요한 슬픔으로
불 밝히던 남루한 꽃이여.

무정한 세월은 간데없고
지금은 골동품 가게
먼지 쌓인 구석에서
심지도 없는 빈 가슴으로
지나는 길손의 눈치만 보누나.

강변에서

터지는 홍시紅柿들이 강물에 풀어진다
물결 잔잔한 가슴 속 깊이
쏟아지는 황홀한 노을 속
들국화 향기
여인의 가슴처럼 향기롭다.

노을이 황혼에 잠들면
하늘엔 별이 총총 눈을 뜬다.

오늘도 강둑에 홀로 앉은
외로운 길손의 가슴으로
세월을 더듬거리며
옹이진 사연 풀고 풀어
흐르는 강물에 띄운다.

목화밭

바위 틈 사이로 이끼 푸르고
계곡물 청아히 흐르는
모악산 끝자락 호남들 가장자리
정든 내 고향 덕조동

민들레 꽃씨 한가로이 날고
산새 들새 어우러져 우짖는
새멀 잔등 기슭에
전설처럼 피어나는 목화밭

하늘보다 드넓은
여인네 앞치마에
탐스러운 목화 송이송이
한 아름 안기면

뒤돌아보며 저승으로
떠난 지아비 찾아들고
유학길 떠난 아들도
단숨에 뛰어드는

백의민족의 고향.

**덕조동: 德鳥洞, 김제시 동쪽마을*

**새멀: 새마을의 고향 사투리*

가을비 내리면

스산한 비바람
서녘 하늘을 돌아올 때
가슴 아린 안타까움으로
제풀에 시들어 떨어지는 낙엽

낙엽은 비에 젖어
가슴속 퇴색한 갈색 아픔으로
가을비 촉촉이 맞으며
세상을 덮는다.

일곱 날 낮 밤을 제짝 찾아
날개 찢기도록 구애하던
참매미 싸늘한 주검을 덮고

밤낮으로 시를 찾아
발이 닳도록 서성이던
시인의 애달픈 사연도 덮고

가을비 내리면
세상은 전설처럼
낙엽 속에 젖어든다
세상은 온통 슬픔뿐이라고.

여름밤

호박 넝쿨 사이좋게
기어오르는 토담 아래
봉숭아 다알리아 과꽃들 정겨웁고

강냉이 구수하게 익어가는
부뚜막 앞에
쪼그리고 앉은 아이는
누렁이와 함께 졸고 있다.

멍석위에 쏟아지는 별들도
강냉이 익기를 기다리고
모시적삼 주머니에 옛 이야기 가득 담은
옆집 아저씨 나막신 소리
아름다운 음악처럼 들려온다.

생 보릿대 억새풀잎 태워
모깃불 연기 피어오르면
옆집 아저씨 구수한 옛이야기에
여름밤이 깊어갔다.

석양에

노을이 지고
어둠이 찾아오면
살며시 고개를 드는 고독

눈을 감으면
시작과 끝남이 손을 맞잡고
모든 것이 순간이라 말한다.

빛을 찾는 곤충처럼
찬란한 불빛에 이끌려
숨가쁘게 달려온 세월.

이제 조용히 무릎을 꿇고
두 손을 합장하고
깊이 더 깊이 마음 속 우물을 판다.

얻은 것은 무엇이며 잃은 것은 무엇인가
가질 수 없음을 알면서도
갖고자 했던 부질없는 욕망

조용히 날개 접으며 넓게 넓게
가슴속 초원을 가꾼다.

동진강

동학의 선혈 흘려보내고
속으로 속으로만 애달파 하는
수난의 강,
눈물의 강,

둥둥둥 울리는 심장의 북소리
이 땅 고을고을 불러일으키니
노령산맥 줄기줄기 벌떡 일어나
강 하늘 속으로 우뚝 솟고,

수수만년 민초들의 한 맺힌 세월
이끼 푸른 바윗돌 휘감고 돌아
드넓은 호남평야 들녘 한 가운데
생명의 젖줄 드리워 흘렀다.

고향집

사립문 옆 우물가
향나무 그윽한 향기
온 동네 돌아 피어난다.

담 위에 주렁주렁 매달린 호박
우렁우렁 익어 가는 소리
미루나무 잎새 아래
하늬바람 쉬어가고

텃밭의 목화木花송이
어머니 앞치마에 안기어
햇살처럼 눈이 부시다.

저녁노을이 태양을 불러
서산을 넘을 무렵
초가 굴뚝에 연기 피어오르면
산 그림자 잰 걸음으로 지난다.

지친 몸으로 젖을 물리는

외양간 어미 소
익어 가는 구수한 여물 냄새에
긴 혀로 입술을 핥고 또 핥고.

그 모습 바라보며
미소 짓는 어머니
가마솥 여물을 휘휘 젓는다.

도깨비

머리엔 불뚝 뿔이 솟고
활활 타오르는 불같은 눈을 부라리며
날카로운 가시가 여기저기 튀어 나온
방망이를 휘두르는 도깨비가 두려워
벌벌 떨던 어린 시절.

밤마다 호롱불 아래
어머니께서 정성껏 꿰매놓은
홑이불 속에 깊이 숨어서
눈만 빼곡히 내놓고
어스름한 창호지 미닫이
방문 밖을 힐끔거렸습니다.

잠시 쉬어가는 바람
문풍지를 희롱하는 소리에
가슴 철렁 내려앉으면
어느새 다가온
젖비린내 나는 어머니 품이
도깨비를 쫓아 주었습니다.

쿵쿵쿵쿵!
아직도 나의 가슴에는
이따금 집채만한 도깨비 한 마리
떠억 버티고 서 있는데
창 넘어 여의도 아파트에는
밤마다 형형색색 아름다운
도깨비 불빛이 쏟아집니다.

개미

뙤약볕 이글거리는 산자락
산책로 흥겨운 공원 끝에서
가는 허리 잘리도록
떼 지어 먹이를 나르는 것은
한겨울 거친 바람을 피해 살아갈
근면의 지혜로운 삶.

제 욕심 부리지 않고
병들고 연약한 이웃에게
제 것을 나누어주는 신의 사랑도 알고
길거리에 노숙자 가득 찬
세상은 벼랑 끝
그 속에서 비지땀 흘리며
가는 허리 부러지도록
내일을 물어 나른다.

아스라한 길

산모퉁이 휘돌아
흐드러지게 피어나는
쑥부쟁이 꽃잎 길이 열리면
마알간 아침이 저만치 걸어온다.

안개 자욱한 어둠의 속살을
조심스레 헤치며
마알간 아침이 걸어온다.

길은 외줄기
갈래갈래 펼쳐진 한길 한길
저마다 가슴 가득 소망을 담아
서둘러 떠나고
아침의 발자국 소리 홀로 외롭다.

장끼 까투리는 사랑 찾아 날고
달콤한 꽃을 찾는
숨가쁜 꿀벌들의 속삭임

태양이 성큼 다가와
빛나는 손을 내밀어
쑥부쟁이 꽃잎으로 문을 열면
아스라이 꿈길이 열린다.

장기

오늘도
천군만마를 거느린 채
광활한 벌판
적진 앞에 우뚝 섰다.

장수는 왕을 지키고
병사는 장수를 따른다.

천만가지 병법으로
버티고 선 적군들
싸늘한 침묵,
꼿꼿한 긴장이 온몸을 휘돈다.

너를 죽여야 내가 살고
네가 살면 나는 죽는다는
생과 사의 결전

하지만 지금
항우 유방도 떠나고

장기 판 앞에 홀로 앉아
삶의 무상에 젖는다.

덕조동 언덕에서

노령산맥 자락에
옹기종기 모여 앉은 초가지붕 위로
새벽안개 서성일 제
하얀 박꽃도 덩달아 피어나고
매미 떼 날개 짓 제 짝 찾아
온몸으로 맴맴 숲을 깨운다.

우거진 오동나무 잎새 사이로
어느새 고개를 갸웃거리는 태양
송아지 두고 온
어미 소의 안타까운 발걸음
동창이 밝았다고
농부는 재촉한다, 전설처럼.

흐르는 세월 속에 떠돌던 길손
이제는 보이지 않는
어미 소의 안타까운 발걸음
가슴 속 그림으로 느낄 뿐
허공에 가득 핀 박꽃들

한아름 가슴에 담아
덕조동 아름다운 마을을 떠난다.

매미 떼 온몸으로
세월을 부르는 가운데……

**덕조동德鳥洞: 김제시 동쪽 마을*

베틀소리

철커덕 철커덕
애달픈 홀어머니
슬픈 세월의 노래 소리
사립문 밖 사나운 겨울바람
온 몸을 떨며 걸음을 멈추고

희미한 호롱불 파르르 지치는데
어머니,
뼈만 앙상한 열 손가락에
별빛이 내려와 어루만진다.

손 안에 작은 북이 뽑아낸
씨실 날실을 만나 몸을 비비고 엮으면
밤은 깊어 깊어
지친 어깨 더 작아지고

철커덕 철커덕
한 맺힌 두 발이
발길을 서두른다

밤은 짧고 갈 길은 멀다.

성찬盛饌

태양은 지쳐 잠들고
별조차 꾸벅 꾸벅 졸고 있는데
우렁찬 기계소리 짐승의 포효처럼
나의 의식을 깨우며 깨우며
밤새는 줄 모른다.

치솟은 공장 굴뚝 연기
가난한 청년의 꿈을 안고
산을 넘고 바다 건너
이 세상 아침을 만나면

나의 책가방 속에 일렁이는
드넓은 바다!
단무지 한쪽으로 성찬을 즐기고
새로이 시작되는 또 하루.

향수 1

청송 우거진 산마루 아래
옹기종기 모여 사는 아늑한 마을
검붉게 산딸기 익어간다고
꾀꼬리 짝지어 노래 부를 제

저녁노을 어느새 서산을 넘고
초가지붕에 연기 피어오르면
방죽 둑에 매어 놀던 어린 송아지
어미가 그리워 우메- 하고 울던 곳.

깔아 놓은 멍석 위에
아버지 덕담으로
날 새는 줄 모르고
쏟아지던 별빛……

향수 2

그리워도
그립다 말할 수 없는
아득한 설레임으로
그 하늘
그 초원
그 여인
가슴 깊은 곳에 깃들어

사랑해도
사랑한다 말할 수 없는
그대 향한 마음으로
밤은 깊어 가고
아침은 멀기만 한데

싸늘한 강바람
발길을 붙잡고
떠나지 못하는
철새의 울음으로 다가오네.

원추리

산자락에 홀로 피어
외로울 거라고
비 내려오시는 날
장독대에 모셨더니
아침이슬 머금고
그리움 발돋움하여 긴 목으로
아름다운 등황색 꽃을 피웠네.

순결한 그 자태
함초롬히 수줍은 듯 그윽한 향기
종달이 불러 모아 창공을 나네.

님은 세월 따라
기약 없이 떠났건만
행여나 기다리는 산마루 고갯길

그리움 발돋움하여 긴 목으로
아름다운 등황색 꽃을 피웠네.

은행나무 아래서

지난 여름 초록의 푸르름을
우뚝 선 가지마다 피어 올리더니
가을바람 소슬한 여의도 길거리에
노란 부음으로 떨어진다.

허공을 가르며
흘러간 날들을 하나 둘 세듯
나풀거리며 여유 부리더니
어느 덧 우수수 지고 마는 눈물들

화가는 눈물조차 아름다워
화폭에 담고
시인은 발걸음 멈추고
깊이 고개 숙일 때
무심한 세월 시린 가슴으로
제 운명인양 다가온다.

미련을 버리고 가게

—벗, 象民을 보내면서

새해가 밝아오면
그대 괴롭히는 병마
묵은 해와 함께 사라지라 염원했건만

홀연히 떠나간 그 겨울
세상은 어둠의 장막 속에 갇혔네,
텅 빈 이 가슴 그리움 사무쳐
하늘도 숨죽여 울었네.

빛바랜 나날 속에
정성껏 가꾸어온 꿈
큰 바위 얼굴로 돌아온
아름다운 영혼이여.

산과 들 고을마다
울려 펼치던
그대 가슴의 종소리
영원히 사라졌네.

새 인생 일구고저
낯선 바닷가에 짐을 풀던 날
비정의 파도에 휩쓸린
통한의 세월이여

안타까움 미련으로 겹겹이 쌓여
그대 가슴 종소리 울리지 못할지라도
친구여! 편안히 가게
미련을 버리고 편안히 가게.

인생

—바둑 이야기

이정표조차 없는 광활한 벌판
저마다 제 길을 걷던 나그네
서로의 가슴을 탐색하며
미지의 땅을 얻기 위해
한번 디딘 발길은 되돌릴 수 없다는
일수불퇴一手不退의 일전을 치른다.

일전은 초마다 뜨겁거니와
「아생년후 살타我生然後 殺他」라고
모든 걸 이미 눈빛으로 알고 있다.

「내 집 지으려면
남의 집도 인정하라」는
아름다운 상생의 미덕에
탑처럼 쌓이는 우정
승자도 패자도 없는 비김으로
오늘도 피나무 향기 그윽한
광활한 벌판에서 삶의 지혜를 배운다.

가을의 문턱에서

여름이 머뭇거리는 길섶에
지친 천둥소리 잠들고
들국화 향기 은은히
산천을 끌어안으면
대지엔 황금물결
여인의 치맛자락처럼 출렁이고
신의 목소리, 주렁주렁
나무마다 매달려
옥보다 아름다운데
아직도 여물지 못한
나의 삶은
가을 문턱에 기대어
시정詩情에 배고파하네.

나그네

이슬 꽃 풀잎에 지고
길 잃은 기러기
홀로 날으는 창공
해는 벌써 서산에 기울어
산모퉁이 돌아온 한자락 바람도
이정표 없는 벌판에 드러눕는다.

갈 곳 어디인지
오늘도 하염없는 발길
터벅터벅 멀기만 한데
못다 이룬 미련은
무엇이 아쉬운 양
부질없이 뒤돌아보고
또 돌아본다.

밤은 어느새 깊어
길섶에, 지친 나의 영혼이 잠들 때
어디선가 아름다운 향기
시의 향기로 깨어나는

아침의 발자국소리

금산사에서

절간 마당 돌탑을 돌던 바람이
설핏 걸음을 멈춘다.
세월의 틈바구니에서
모래알처럼 숨겨진
빛바랜 사연을 발견했을까…….

뜬 구름도 발길을 멈추고
돌이킬 수 없는 유한의 기억을
마냥 더듬는다.

질풍노도 같은 세월
가난과 질병과 전쟁이
고개를 쳐든다.
피 땀으로 얼룩진
노동으로 지친 육신을 보듬고
피어난 향기로운 꽃봉오리

산사의 종소리처럼
아름다운 작은 새의 노래 따라

조심스레 되돌아보는 인생
그 여운 속에,
오랜 세월 침묵하던 허무가
슬며시 손을 내밀며 다가온다.

떠나는 길목

떠나는 길목에서
가을을 보낸다.

바람에 날리는
낙엽이 떠나가고
추억에 잠기는
연민도 희미해진다.

젊은 시절
구르몽이 노래했다
'시몽, 나무 잎새 저버린
숲으로 가자'고

발자욱마다
기억을 더듬으며 떠나간다.
나뭇가지 앙상한 길목
시린 바람을 맞으며
홀로 황량한 길 위에 서 있다.

3

어느 날 문득

어느 날 문득, 누군가 그리워
철새 떼 모두 제집으로 보내고
꽁꽁 언 가슴으로 나를 반기는
싸늘한 강변으로 발길을 옮기면
나보다 먼저 온 어스름 달빛이
밤하늘 구름 사이로 사라져 간다.

어느 날 문득 1

어느 날 문득, 누군가 그리워
푸른 잎새 떨구어 보내고
앙상한 맨살로 반기는
텅 빈 공원으로 발길을 옮기면
나보다 먼저 온 바람이
이제 막 자리를 털고 일어난다.

어느 날 문득, 누군가 그리워
철새 떼 모두 제집으로 보내고
꽁꽁 언 가슴으로 나를 반기는
싸늘한 강변으로 발길을 옮기면
나보다 먼저 온 어스름 달빛이
밤하늘 구름 사이로 사라져 간다.

사방은 정막 속에 감싸여
되돌아갈까 후회하는 마음 앞서는데
발걸음 그 마음 모르는 척 걷고 또 걸으며
'이런 날은 시인과 마주 앉으면
참 좋지 않느냐?'고 속삭인다.

어느 날 문득 2

어느 날 문득
해변가 산기슭에
홀로 늠름히 솟아 있는
바위이고 싶었다.

포효하는 바다에
폭풍우 밤새 밀려와도
거센 파도와 맞서
침묵하는 바위이고 싶었다.

별빛 스러지는 아침
바다는 잔잔하고
갈매기 평화로운 날개 짓에
가슴으로 미소 짓는 바위이고 싶었다.

산소 앞에서

죽음을 모르던 철부지적에
바람에 날린
꽃잎 주워서 귀에 걸고
울며울며 꽃상여 따라 영 넘어 갔다.

시방은
호젓한 산허리 소나무 숲
산까치 한 마리 그날을 불러
애달프게 우짖는 소리

긴 담뱃대 입에 무신 아버님 앞에
두 무릎 꿇고 앉아 외우던 천자문
까치도 까악까악 외우는가

뜻 모아 당신을 불러보지 못한
긴 세월 되돌아 온 텅 빈 가슴에
당신의 훈김이 머무릅니다.

추억의 시드니

적도 넘어 머나먼 남쪽 나라
아름다운 강
'하-바 브릿지'에 기대어
고향 생각했었지.

한강을 유유히 흘러
태평양을 건너 온 동해물에게
고향 소식 물으면
다투어 피어나는
칠색의 무지개 저편에서
함초롬히 피어난 무궁화
나에게 손짓을 했었지.

넘치는 기쁨에 흐르는 눈물
무궁화 꽃잎 적시면
시간도 머물러 숨을 죽였지.

저미는 가슴속에 물밀듯이
고향집 그리움이 밀려오면

갈매기 날개 짓으로
돌아가자고 알은체를 해도
아직은 들어 올리지 못한 꿈의 어망
어찌 빈손으로 돌아가느냐고 자조하며
떠나는 갈매기 바라보곤 했었지.

계절이 거꾸로 흐르는
적도 넘어 시드니 항에
흐르는 동해물 바라보며
마음으로 종이배를 접어 띄웠지.

가을 연주

매미들의 연주회가 끝나면
세상은 온통 낙엽이 되어
나그네의 발아래 바스라진다.

비발디 사계는 회전목마!
가을의 선율도 풀려 나와서
어느새 다가와 귀 밑 흰머리
안타까히 어루만지며
바스락 바스락 낙엽을 밟는다.

세상천지는 낙엽뿐
노란 은행잎도
감나무 배나무 사과나무
모과나무도 예외가 아니다.

앙상한 나무 가지 사이사이
바람이 쉰 목소리로
겨울이 오면 봄은 멀지 않다고
숨 끊어질듯 창을 뽑으며

낙엽을 밟으며 서성거린다.

만추晩秋

하늘은 깊고 맑아서
금세 빠지고 싶은 연못
그 속에서 구름은 서로의 몸을 감고
한가로운 바람 한자락 끝에
철새들 춤추며 난다.

핏빛 백일홍 꽃나무 가지 위로
노을에 취한 고추잠자리 떼
투명한 날개 짓으로 어지러이
가을을 희롱하는데
닳아빠진 호미 날에 어른거리는
전설처럼 까마득한 어머니 얼굴,

깊어가는 가을을 재촉하는
재 넘어 겨울이 벌써 춥기만 하다.

들국화

스산한 갈대 숲
사각 사각 숨죽여
햇빛 부서지는 소리 들리면
살며시 제 모습 드러내는 가을,

한 켠으로
형형색색 빛나던 꽃들의 향기
모두가 스러진 황량한 들판에
찬 이슬 머금고
고결하게 피어나는 꽃,

그 여린 꽃잎으로
부질없는 삶의 길목에서
시린 바람 서성이는
나의 가슴에 남은 여열餘熱.

샛강변에서

속삭이는 잔물결에
이름 모를 꽃잎은 제 몸 맡겨 흐르고
어느새 달려온 첫여름이
갯버들 그늘에 앉아 쉬고 있다.

햇빛 내리어 세상은 아름답고
미루나무 가지 사이로 쌍쌍이 나는 까치
떠나간 사람은 어디서 무엇을 하고
돌아올 사람은 어디쯤 오고 있을까
생명의 거부할 수 없는 안타까움이여.

때로는 텅 빈 가슴으로
때로는 무심한 얼굴로 샛강변에 앉으면
이제는 떠날 채비를 하고 일어서는 계절
말없이 수인사를 건넨다.

비가 내린다

소리 없이 비가 내린다
여의도 고층빌딩 숲이
북한산 깊은 숲인양
착각을 잘하는 비가
아파트 베란다 창밖에 내린다.

비가 내린다 소리없이
세월 뒤편을 이따금
기웃거리는 사내 가슴을
광활한 벌판으로
착각하는 비가 내린다.

사방은 너무나 고요하여
비 그치기만 기다리는
어린 새들의 안타까운 숨소리
어렴풋이 들리는 듯
젖은 날개로는 날수 없는 새처럼
사내는 베란다에 서서
내리는 비를 추억한다.

백두산에서

수수만년 찬란한 조상의 얼 깃든
북녘 땅 하늘 높이
솟아 있는 영산靈山

발아래 굽이굽이
한가로운 봉우리
하늘 빛 맑은 천지에
아른거리는 백의白衣의 혼령들
오늘도 뜬 구름 되어
남녘 하늘 날으건만

여기는,
장백산이라 부르는 중국땅!
나의 마음 허허하고
수심만 가득 차네.

분단 반백년 한 맺힌 슬픔
가슴 깊이 밀려와 두만강을 이루는데
차라리 한 송이 꽃이 될 수 있다면

통일의 염원 피워낼 꽃이 될 수 있다면
여기서 죽어도 한이 없겠네.

화가의 오계五季

종달새 노래 따라
찾아든 새봄이 속살거리며
나무 가지마다 새잎을 피우더니

미루나무 서늘한 그늘
까치는 짝을 찾아 집을 짓고
제 새끼 키우느라 분주하더니

산마루 홍엽으로 얼굴 붉히면
나그네 발길 멈추게 하는
신의 수채화 가을은 흐르고

함박눈이 쌓이는 초가집
땔감 지고 들어서는 사내를
애타게 기다리다 맞이하는 지어미

화가는 망설이다 숨 죽여
붓 끝에 검정색 물감을 적셔
가슴으로 다섯 번째 계절을 그린다.

보릿가을

초여름 들녘은 치맛자락
황금물결 출렁인다.

보리밭에 길 잃은 까투리
밭이랑을 서성대다가
악동들 팔매질에
화들짝 놀라 푸드득 날아가고

조무래기들의 때 묻은
삼베저고리 주머니 속
풋보리 개떡 하나
숨어서 잔치를 벌인다.

보릿대 마디마디 꺾어 만든
마알간 선율의 보리피리 소리
힘없는 가락으로 필릴리리
보릿고개 넘으며 노래 부른다.

임진강에서

바위 틈 소나무 그늘 아래
억새풀 꺼억꺼억 바람에 울고
덧없이 흐르는 강물
반백년 분단의 상처를 핥는다.

시린 가슴으로 밀려오는
통한의 슬픔
창공을 날으는 철새
상한 날개 짓에 상처는 깊어가고

산모퉁이 돌아
빈 배로 다가오는
황포 돛배처럼
텅 빈 내 가슴에도
억새풀만 바람에 운다.

아내에게

당신은
시린 새벽 별 머리에 이고
반백년 인고의 세월을 걸었습니다.
당신은
네 송이 사랑의 꽃을 피우기 위해
천근같은 만삭의 몸으로 밤을 지샜습니다.

수수께끼 같은 삶은
언제나 평온으로 이어지지 않고
때로는 안타까움으로
때로는 아픔으로 인도하였지만
당신은
폭풍우 눈보라도 마다하지 않았습니다.

아내와 어미와 스승의 길
걷고 걷고 또 걸어온 힘겨운 발자국
어느덧 흰 서리로 남아
귀밑에 수북이 쌓였지만
그 모습 아름다운 별인가 합니다.

내 사랑 아름다운 별인가 합니다.

노을 속으로

어둠속으로 주춤주춤
뒷걸음치는
저 붉게 타오르는 노을
그 속에는 겹겹이 쌓인
세월의 등짐을 지고
한 사내가 걸어온다.

생성의 잎 눈 피어오르는
잔인한 봄날의 아픔
혼돈과 혼란으로 들끓던
여름날 그 열망의 파편
그리고 가을도, 겨울도,
빛이 되고 어둠이 되고
꽃으로 되새김 하며
피어있다. 타오르는 불꽃으로.

귀 밑 머리 히끗히끗한 사내가
노을에 물든 눈으로 손을 내민다.
여의도 고층빌딩 숲 사이로

파드득……
한 마리 붉은 새가 난다
마지막 불꽃 타오르는
석양 속으로 난다.

말 많은 사람

눈물을 뚝뚝 떨어뜨리며
제 몸을 태워도
촛불은 아프다 하지 않고

태풍 노도 밤새 휘몰아치고
어둠이 층층이 내려앉아도
숲은 두렵다 하지 않네.

가도 가도 끝없는
땡볕 내리 쬐는 사막
낙타는 등짐 무겁다 하지 않는데……

아프다, 목마르다, 두렵다,
그리고 사랑한다.
사람들은 부질없이 말만하네.

꽃가마

보고도 못 본 척
들어도 듣지 못한 척
귀 막고 벙어리 되어
삼년을 하루같이 살라며
밤새워 일러주신 어머니.
시집가던 날

두려움 달무리 되어
눈조차 제대로 뜨지 못하는
앳된 새색시
안 보아야 할게 무엇인지
안 들어야 할게 무엇인지
벙어리로 사는 게 무엇인지
아무것도 모르고 연지 곤지 찍고서
꽃가마 탄다.

검둥이 산마루까지 따라와
꼬리 흔들며 바라보고
사립문에 기대어

애닯게 손짓하는 어머니
아스라이 멀어지는 꽃가마 울음.

나의 영혼은

민들레 봄이 되어 찾아오고
강물위에 뜬 꽃잎에
여름이 성큼 걸어오자
나의 영혼이 문득, 눈을 뜬다.

보내고 싶지 않은
화사한 봄날도
산천에 저벅저벅 불타는 발자국으로
열망 치솟는 여름도
나에게는 스쳐 지나가는 인연,
세월의 그림자로 다가온다.

돌아보면 돌이 된다는
전설 때문에
나는 차마 추억조차 길어 올리지 못하고
가슴속 작은 우물에서
어느 날 문득 눈을 뜨는
나의 영혼을 바라본다.

세월은 어디로 가는가
끝도 시작도 없는 무한의 빈 터.
주인 없는 의자 하나 둘 늘어만 가고
이제는 여름도 가려는 듯
서성이며 주춤거리며 떠날 채비를 하는데
나의 영혼은 명상에 잠긴다.

한강

태고연太古然한
산과 들 굽이굽이 돌아
제 몫의 길을 떠난다.

폭풍우 밀려오고
눈보라 몰아쳐도
낮과 밤을 등에 업고
낙타처럼 끝없이 간다.

세월 따라 흘러가는
숱한 애환의 전설들
사람마다 주고받는
만남과 이별의 이야기,

오늘도 잠 못 이룬 채
아픔을 달래며
먼데 불빛을 끌어안는다.

인왕산에서

태고太古의 숨결로
이어온 영산靈山
산상은 하늘 깊이 잠기고
솔잎 내음에 초록빛이 흐른다.

빌딩 숲을 돌아
고궁을 스쳐 온 바람은
안개 자욱한 산마루 성벽아래
길을 잃고 서성이며

우뚝우뚝 솟아 있는 산봉우리에
구름이 파도 되어 출렁인다.

물 한 모금 건네줄 수 없는
비탈진 바위틈 진달래꽃
홀로 피어 외로워도
연분홍 꽃잎 자락엔
찬란한 봄이 흐르고,

그윽한 산벚꽃 향기
산등성이 휘돌아 메아리 되어
내 가슴 깊이 스며들어 안긴다.

노령산맥

자욱한 안개가 빗장을 풀고
새벽을 열면
힘찬 허리 구풀구풀 일으키며
하늘로 하늘로 헤엄쳐 간다.

다투어 치솟아 오르는
크고 작은 산봉우리들
간밤에 내려놓은 하늘을
다시 머리에 이고 간다.

동진강은 둥둥둥둥
거친 숨 몰아쉬며
드넓은 호남들로 달려가
풍만한 젖줄 드러내고.

노령산맥 굽이굽이
이끼 푸른 계곡 사이로
황금빛 태양을 머리에 인 채
동진강을 사로잡는다.

2008 겨울비

똑. 똑. 똑.
똑.
겨울비가 창을 두드립니다.
아주 조심스럽게
대낮인데도 바깥 세상은
너무나 어두워서
아무것도 보이지 않는다고 합니다.

똑. 똑. 똑.
똑.
겨울비가 창을 두드립니다.
아주 은밀하게
텅 빈 바깥세상은
꽁꽁 얼어서
숨조차 쉴 수 없다고 합니다.

여의도의 밤

온종일 거친 숨 헐떡이던
차량의 행렬이 잦아들면
한강을 타고 마실 나온
밤바람이 걸음을 옮긴다.

이따금 어둠 사이로
아파트 유리창 넘어
아직도 하루를 끝내지 못한
누군가의 밤잠 설치게 하고,

자찬과 위선의 함성
어느새 목이 쉰 의사당은
제풀에 지쳐 있는지
창 넘어 불빛만 졸고 있다.

숨이 막히도록 쌓이고 쌓인
숱한 세월의 갈증
여의도의 밤은 언제나 목이 마르다.

목포에서 신의주까지

–서해안 고속도로

예향藝鄕 목포를 떠난 바람이
서해안 길을 따라
남녘 풍성한 오곡 들판을
숨 가쁘게 달려도 지치지 않는 것은
북녘 땅 서해안 끝자락
신의주까지
단숨에 가고픈 열망 때문이지만

그러나 한 맺힌 임진강
텅 빈 나루터에서
지금은 과거의 그림자만
쓸쓸히 걸려있는 분단의 울타리
녹슨 철조망에 막혀
더 이상 갈수 없는 그 길을
온 몸으로 꿈틀거리며
흐르는 강물만 바라보네

바람이 때로는 머뭇거리지만
녹슨 철조망을 넘어
통일을 기다리다 지친 원혼들
임진강 뒤돌아보면서
신의주를 향해 울면서 가는가……

눈 내리는 날

함박눈 소리 없이 내리는 날
지나간 세월이 저벅저벅 걸어와
메마른 가슴에 추억을 담아 건넨다.

아득한 호남평야 드넓은 땅에
곤두박질 칠 듯, 곤두박질 칠 듯
솟구쳐 오르는 뚝심 센 방패 연
팽팽히 감아올린 연과 싸우며
세상 끝까지 가겠다고 아우성쳤지.

뒷동산 청청한 소나무 숲에서는
게으른 장끼 한 마리
제 모양새 뽐내기도 귀찮아서
쌓인 눈 속에 날개 접고 졸다가
방패 연 시샘하는 까투리를 쫓아
푸드득 멋진 날개를 펼쳤지.

청보리 잎 잔잔한 지평선 먼 하늘 가
못 이룬 뜻에 한 맺힌

동학의 영혼들 아직도
하늘 높이
방패연 주위를 서성거리는가.

신의 은총으로

하늘이 처음 열리고
온 세상 빛으로 눈부셨다는
천지창조의 그날처럼
나의 가슴을 열고
무한의 빛으로 찾아든 사랑

때로는 어느 왕의 정원같이
향기롭고 그윽하게
때로는 정숙한 어느 시인의
고귀한 시詩로 다가와
내 삶의 의미가 되었지.

이제 아비의 머리에
흰 서리 가득 쌓이고
너희는 각양의 수목에
각색의 둥지를 틀었으니
사랑하는 나의 딸들아
고난으로 가득찬 아름다운 이 세상
달이 되고 별이 되고

찬란한 아침 해가 되어라
신의 은총으로.

무자년을 보내며

초목은 아름답게 피고 지고
새들은 둥지를 틀어 새끼를 키워 보내고
구름은 서로 모여 비를 내리고
무자년
삼백육십오일 한 해가 저문다.

초목 향기 속에서
새들의 날개 짓 속에서
구름 속에서
그리고 시름 속에서
무자년 아스라이 한 해가 간다.

노학老學의 황혼길
숱한 연필 허리 으스러트린
옹이 박힌 엄지손가락으로
시 원고를 어루만시던
한 사내의 무자년도
시나브로 시나브로 멀어져 간다.

촛불

온 몸 타오르면서도
제 몸이 타는지 모르는 것은
스스로 아름다움에 매혹되어
바라보고 있기 때문입니까.

바람에 흔들리는 불꽃은
바람 따라 떠나고 싶은 열망이며
어둠속에 빛나는 불꽃은
어둠을 밝히는 침묵의 소리입니까.

눈물을 뚝뚝 흘리는 것은
이윽고 어둠이 수 천 개의 발로
조심스레 뒷걸음질 칠 때까지
홀로 견디는 아픔 뒤에
밝아오는 아침 때문입니까.

옛 이야기

아파트 정원에 서 있는
은행나무 가지에
옛 이야기 한 조각이
하얀 꽃으로 피어 있습니다.

지난 밤 꿈속에서
만난 그 사람
아직 떠나지 못하고
눈밭을 헤매다가
눈꽃으로 피었나 봅니다.

창 넘어 아파트
흰 눈 소복이 쌓인 마당에
이름 모를 새 한 마리
외로이 배회하며 지저귀는데

덧없이 흘러간
아득히 먼 옛 이야기
내 가슴 창을 열며

아직도 추억에 쌓여
아프게 말하고 있습니다.

소나기

그렇게 당차게 달려와
무엇을 말하려고 하는가

그렇게 질풍노도처럼
몰려와
어쩌려고 하는가

가슴에 담아두었던 분노
폭포처럼 쏟고 나면
어차피 일곱 빛깔 무지개로
화해하지 않으면 안 되는 것을.

□ 해설–황동기 시인의 시세계

經驗의 寶石으로 細工한 人生派 詩

황 송 문

詩人 · 선문대 명예교수

'경험의 보석'이라는 말이 있다. 경험은 보석과도 같은 것이어서 닦을수록 빛이 난다는 것이다. 구약성서 잠언에도 "경험이 쌓일수록 말수가 적어지고 슬기를 깨칠수록 감정을 억제한다."는 말이 있다. J.부라키는 말하기를 좋은 경험은 잘 갈아놓은 토지와 같은 것이어서 경험이라는 토지는 필요에 응하여 부쩍부쩍 무한의 힘을 낳고, 그로 인하여 소유자에게 많은 수확을 얻게 한다고 갈파했다.

황동기 시인의 경우가 여기에 해당된다. 그

는 박식한 지식에 다양한 경험의 기름진 밭에 시라는 예술의 씨앗을 경작하여 아람진 수확을 거두었다. 그의 오로지 불철주야 시와 동고동락한 시작과정은 실로 눈부신 것이었다. 그는 온 정성을 다해서 최선을 다했다. 그가 왜 그렇게 시에 매달렸을까? 시를 쓰는 창작행위야말로 인생에 있어서 보람 있는 높은 가치로 인식하기 때문이다.

그러니까 황동기 시인은 톨스토이처럼, 인생을 위한 예술(시)을 추구하는 셈이 된다. 그는 인생의 정점에서 가장 높은 가치를 시에서 찾았고, 줄기차게 달려온 끝에 문단에 데뷔하는 영예를 차지하게 되었으며, 시집을 저술하게 되어 詩農에 성공하게 되었다. 실로 기록적이라 할 수 있다. 최단시간의 습작으로 등단과 저술이라는 놀라운 성과를 거두게 된 것이다. 비단 문학뿐만이 아니고, 어떠한 종류의 일을 하거나 간에 그 정도로 혼신을 다하여 정성을 기울인다면 뭐든지 못할 일이 없겠다고 모두들 탄복을 금치 못할 정도이니 초능력이라는 말이 절로 나올 지경이다.

황동기 시인은 자수성가해서 성공한 사업가다. 사업을 성공으로 이끄는 동안에는 시와 먼 거리에서 살다가 인생의 황혼기에 본연의 자아를 찾아 나선 것이 바로 시업이었다. 그의 시는 역사의식과 깨달음을 통한 자각, 그리고 鄕土情緖로서의 人情美學 등 인생파적인 시로서 다양한 발성을 자유롭게 구사하고 있다.

산발한 억새풀들
깨어진 기왓장 틈에서
흘러간 세월에 숨죽여 운다.

찬바람 몰아치는 고도古都
무너진 성터 곱사등 드러낸 채
낙엽들도 바스락대며 운다.

부귀영화는 쓸려간 지 오래인데
아직도 잠들지 못한
한 서린 영혼의 슬픈 노래가

갈대밭을 휘돌아
성벽을 맴돌고……

산마루에 쉬어가는 구름도
노을을 마시고 벌겋게 운다.

－「남산 성벽」 전문

여기에서는 '산발한 억새풀'이라든지, '깨어진 기왓장', '무너진 성터' 등의 역사적 유물을 통하여 감춰진 내면세계, 즉 "부귀영화는 쓸려간 지 오래인데/ 아직도 잠들지 못한/ 한 서린 영혼의 슬픈 노래"를 넌지시 내보이는 형식으로 구체적 형상화를 꾀하고 있다.

몸을 움츠리는 까닭은
더 멀리 뛰기 위함이라 하지만
나는 그냥 뛰고 싶었다.
겨울잠을 자는 것은
새봄을 찬양하기 위함이라 하지만
나는 그냥 달리고 싶었다.

움츠림도 겨울잠도 아랑곳없이
마냥 뛰고 달려와 보니

한 아름 품에 안긴 것은
욕망의 부스러기뿐
꿈은 아스라이 멀리 잠긴다.

뛰고 뛰어도 우물 안 개구리
일월日月은 창공에 서성거리나니
젊고 젊은 시詩의 바다로
불사不死의 방주方舟를 띄운다.

-「개구리」 전문

겸손이 배어있는 시다. 물론 표면적으로는 멀리 뛰기 위해서 몸을 움츠린다거나 새봄을 찬양하기 위해서 겨울잠을 자는 것으로 되어 있지만, 그 이면에 스며있는 내용으로서 놓쳐서는 안 되는 것이 바로 몸에 배어있는 겸손이다. 그것은 인생의 달관에서 오는 슬기에서 기인된다. 그리하여 그는 결국 출세하고 성공했지만, 열심히 달려온 끝에 품에 안긴 것은 '욕망의 부스러기'라는 깨달음을 얻게 된다.

이러한 자각은 보이지 않는 진실을 볼 줄 아는 내면의 통찰력에서 기인된다. 온갖 부스러기들은 결국 떠날 때 모두 버리고 떠나야 하는 연료 캡슐에 불과하다. 그는 결국 젊은 시의 바다로 영원히 사멸되지 않는 방주를 띄운다고 피력한다. 영생하고 영존할 수 있는 보다 진실한 존재가치의 확인이라 하겠다.

동이 틀 무렵 한 사내가
거울 앞에 섰습니다.
서리 내려앉은 머리는
아득히 먼 길
숨 가쁘게 달려온 이정표.

배가 고파
진달래 꽃잎 따먹던 소년,
꽁보리밥 도시락도 감지덕지하며
허리춤에 메고 뛰던 소년이
거울 속에 웃음을 만들고 있습니다.

–「거울 앞에서」 전반부

자아 응시의 자화상인 동시에 황혼의 애상이다. "서리 내려앉은 머리는/ 아득히 먼 길/ 숨 가쁘게 달려온 이정표"라고 스스로 회고한다. 스스로 가누며 별을 세던 남루한 청년이 거울 속에 있다. 자기를 비춰보는 그 자아의 거울에는 소년도 있고, 청년도 있으며, 아버지와 아들, 따뜻한 미소의 어머니도 보인다. 사내가 그것으로 족하다고 하는 것은 현실에 초연하기 때문이다.

호미자루 들고
어머니는 텃밭으로 간다
새벽 별을 더듬으며.

지아비 떠나버린 이 세상에
의지할 곳이라고는
지팡이만한 기둥도 없고
삶의 무게는 나날이 힘겨워
한 뼘 텃밭이라도
시름을 뽑고 꿈을 심었다.

— 「텃밭」 전반부

텃밭에서 유추하는 어머니의 애상이 흐른다. 그것은 남편 잃고 고생하는 어머니의 노역을 안쓰러워하는 시인의 슬픔이다. 누이가 보내준 씨암탉이 어머니 눈치를 살피며 배추 잎을 쪼아댄다는 마지막 연의 결구도 재미있다.

죽음을 모르던 철부지적에
바람에 날린
꽃잎 주워서 귀에 걸고
울며울며 꽃상여 따라 영 넘어갔다.

시방은
호젓한 산허리 소나무 숲
산까치 한 마리 그날을 불러
애달프게 우짖는 소리

—「산소 앞에서」 전반부

「텃밭」이 母性에의 그리움이라면 「산소 앞에서」는 父性에 대한 그리움이라 하겠다. 「텃밭」에서는 시름을 뽑고 꿈을 심은 어머니를 향하는 그리움이 표현되어 있다면, 「산소 앞에서」는 죽음을 모르던 철부지적에 아버지의 꽃상여를 따라갔었는데, 긴 세월 되돌아온 텅 빈 가슴에 머무는 아버지의 훈김을 표현하고 있다. 모성과 부성 사이의 '그리움'과 '훈김'을 나타내고 있다.

어느 날 문득, 누군가 그리워
푸른 잎새 떨구어 보내고
앙상한 맨살로 반기는
텅 빈 공원으로 발길을 옮기면
나보다 먼저 온 바람이
이제 막 자리를 털고 일어난다.

어느 날 문득, 누군가 그리워
철새 떼 모두 제집으로 보내고
꽁꽁 언 가슴으로 나를 반기는
싸늘한 강변으로 발길을 옮기면
나보다 먼저 온 어스름 달빛이
밤하늘 구름 사이로 사라져 간다.

―「어느 날 문득 1」 전반부

봄비 내리면
신神의 장인匠人들이
연두빛 전설을 이야기한다.

꽃눈 잎눈마다

피어오르는 숨결들,
새들은 노래를 멈추고
세상을 향하여 귀를 연다.

–「봄비 내리면」 전반부

모호한 느낌을 주는 시편이다. 인간과 자연에 관하여 '어쩐지' 아리송한 느낌이 스며있는 시편이다. 시의 모호성과 명료성의 균형 있는 조화는 시의 예술성과 영원성을 위해 기여하게 된다.

한가위 보름달 맞으려는 듯
침묵 속으로 영원히 침전하시던
나의 스승, 나의 어버이
나의 형님은 휘적휘적 떠나셨다.

시방, 내 나이도 칠순
새들도 노래를 잃고
바람은 쓰러져 눕고
별들은 빛을 잃었다.
청산은 정기를 잃고
강물은 숨조차 죽이고 흐느낀다.
세상은 텅 비고

그리움 사무쳐 뼈 속에 흐른다.

– 「그리움 1」 후반부

저 멀리 아파트 베란다
창살에 기댄 달빛이
이태백 그리운 마음으로
달빛 담은 술잔을 내미는데
화면 속 맷방석만한 보름달
가가대소呵呵大笑한다.
텔레비전을 끄기 잘했다
또 한잔
홀로 남아 달빛을 마신다.

– 「홀로 남은 밤」 후반부

앞의 시(그리움 1)가 조시弔詩에 가까운 인생파적인 시라면, 뒤의 시(홀로 남은 밤)는 낭만적 서정시라 하겠다. “형님이 떠나셨다고/ 온몸의 세포가 일제히 불을 켰다.”는 구절로 보아 황동기 시인과 형님과의 관계는 보통이 아닌 것으로 여겨진다. 미루어 짐작하건대 부친을 일찍 여읜 시인에게 있어서 형님은 아버지의 역할 뿐 아니라 스승의 역할까지도 해낸

것으로 여겨진다. 그런 혈육이 타계한 것이다.

앞의 시가 "청산은 정기를 잃고/ 강물은 숨조차 죽이고 흐느낀다."고, "세상은 텅 비고/ 그리움 사무쳐 뼈 속에 흐른다."고 비장하게 토로한다면, 뒤의 시에서는 "저 멀리 아파트 베란다/ 창살에 기댄 달빛"을 끌어와 맷방석만한 보름달이 달빛 담은 술잔을 내민다고 낭만적 운치를 띄운다. 이 시에서는 결구인 "텔레비전을 끄기 잘했다."가 하찮은 뚝배기처럼 평범 속의 비범함으로 제 맛을 내고 있다. 그것은 평범함의 비범함이다. 전기문명의 이기를 제거함으로써 대자연의 원시적 생명감이 살아나게 하는 서정시의 옹호다.

그리하여 "또 한잔/ 홀로 남아 달빛을 마신다."는 관조의 시와 사색의 시를 가능케 한다. 역시 인생파적인 관조와 사색의 시다.

내 가슴속에는
풀내음 향기로운
종달새가 있다.
노래하고 춤을 추는
시詩의 동산이 있다.

시의 동산에
사랑의 씨앗을 심었으나
가난이 싫어서 떠나보낸
무지개 꿈의 첫사랑
나의 시가 있다.

고달픈 삶의 항해, 드넓은 바다!
그리움이 밀려오면
푸른 파도에 그 모습 그려보고

한 조각 소식 부리에 물고
찾아온 갈매기 날개 짓 속에
세월은 구름처럼 흘러가는가.

내 가슴에는 시의 동산이 있다.
만선滿船의 기쁨 헤쳐 달리다가
빈 배로 돌아온 반백년
그리운 그대 노래는
첫사랑 시詩의 밭을 일구게 한다.

―「내 가슴에는」 전문

황동기 시인의 가슴에는 오랫동안 묻어둔

비밀스런 사연이 있다. 그것은 첫사랑의 애틋한 이야기다. 시의 동산에 사랑의 씨앗을 심었으나 가난이 싫어서 떠나보낸 첫사랑을 그리워하는 사연이다. 결국 황동기 시인이 시를 쓰는 행위는 첫사랑과 재회하는 셈이 된다. 그에게 있어서 첫사랑은 시와 동일시됨으로 시와의 만남은 첫사랑과의 만남과 동일시되기 때문이다. 가령 '첫사랑은 순수하다'와 '시는 순수하다'는 '첫사랑은 순수함으로 시와 같다'는 논리가 황동기 시인에 있어서는 자연스럽게 통용된다.

이제까지 황동기 시인의 시세계를 살펴보았다. 그의 시세계는 「남산성벽」으로 대표되는 역사의식으로서의 사물시와 「개구리」로 대표되는 意志의 서정시, 「거울 앞에서」로 대표되는 자아성찰의 시, 그리고 그리움의 대상을 찾아나가는 첫사랑의 시 등으로 집약할 수 있다. 그는 결국 놓쳐버린 첫사랑의 영상을 시를 통해서 재회를 시도했다고 볼 수 있다. 첫사랑의 영상은 시어의 광맥과 통하기 때문이다. 경험의 보석이 풍부한 그는 섬세한 세공 작업을 통하여 人生派 詩 생산에 성공했다고 볼 수 있다. 눈물이 진실과 통하듯이, 첫사랑의 순수는 시의 순수와 일맥상통하기 때문이다.

황동기 시집 어느 날 문득

초판인쇄 2009년 5월 1일
초판발행 2009년 5월 1일
지 은 이 황동기
발 행 인 황송문
펴 낸 곳 문학사계
주소 서울특별시 영등포구 문래6가
56-1 미주프라자 102호
전화 (016)561-5773
팩스 (02)2637-9759
이 메 일 songmoon12@hanmail.net
등록 2005년 9월 20일
제318-2007-000001호

값 9,000원

배포처 자유문고 (02)2637-8988